Inhalt

Die Bedienerfreundlichkeit mobiler Sprach- und Datenkommunikation wird erhöht

[Kernthesen](#)

[Beitrag](#)

[Fallbeispiele](#)

[Weiterführende Literatur](#)

[Impressum](#)

Die Bedienerfreundlichkeit mobiler Sprach- und Datenkommunikation wird erhöht

M. Westphal

Kernthesen

- Der mobile Mensch wird eingeschränkt durch mangelnde Übergabeprozeduren zwischen den verschiedenen Netzen.
- Auch die Einwahlprozeduren für mobile Netze werden optimiert.
- Die Mobilität des Geschäftsverkehrs wird durch komplizierte Mechanismen im mobilen Zahlungsprozess gehindert.

Beitrag

Die diesjährige CeBIT zeigt eher evolutionäre Entwicklungen denn große Revolutionen. Neben den Themen Voice Over IP und der Vernetzung der eigenen vier Wände bzw. dem Zusammenwachsen von IT und Consumer Elektronik (und der teilweise noch konkurrierenden Konzepte und auch entsprechenden Steuerungscomputer) stehen insbesondere evolutionäre Verbesserungen für die mobile Daten- wie auch Sprachkommunikation im Fokus vieler Anbieter. Gerade dieser Bereich ist bis jetzt immer noch gekennzeichnet durch Medienbrüche, komplizierte Anmeldeprozeduren, häufig nicht funktionierendes, unterbrechungsfreies Handover zwischen den verschiedenen Netzen aber auch nicht gerade bedienerfreundlichen mobilen Zahlungsmechanismen. Dieses Knowledge Summary fasst kurz die entsprechenden Problembereiche wie auch die Lösungsansätze zusammen, die in naher Zukunft zu erwarten sind.

Der mobile Mensch wird eingeschränkt durch mangelnde Übergabeprozeduren zwischen den verschiedenen Netzen

Die Mobilität für Handy- und Laptop-Nutzer ist bisher immer noch eingeschränkt aufgrund der verschiedenen Netze wie GSM, GPRS, EDGE, UMTS, WLAN oder Wimax, die teilweise untereinander nicht kompatibel sind, sodass ein nahtloser und unterbrechungsfreier Übergang vom einen in das nächste Netz nicht möglich ist.
Diesem Umstand, der das mobile Arbeiten immer noch mit lästigen Abmelde- und Anmelde-Vorgängen verbindet, ist im Fokus der IT-Industrie, die hierfür Abhilfe schaffen will. Mögliche Strategien, Technologien und auch Endgeräte oder Erweiterungskarten werden auf der CeBIT 2005 vorgestellt. (2)
So werden auf der CeBIT Erweiterungskarten für Laptops präsentiert, die ihren Datenaustausch via GPRS, UMTS oder WLan ermöglichen. Die dazugehörende Software wählt automatisch das schnellste zur Verfügung stehende Netz, dem Nutzer wird mittels farbiger Balken angezeigt, in welchem Netz er sich gerade befindet. Eine solche Karte wird bei T-Mobile und Vodafone etwa 300 kosten. Sofern der Nutzer bereits ein WLan-Modul in seinem Laptop eingebaut hat, werden nur 200 fällig. (2)

Aber nicht nur für Laptops wird der mobile Datenaustausch deutlich vereinfacht. Auch erste Smartphones mit eingebautem WLan-Anschluss wie z. B: der Nokia Communicator 9500 oder T-Mobiles

MDA III werden mit einem eingebauten WLan-Anschluss aufwarten. (2)

Um die Attraktivität von WLan und anderen Netzen zu erhöhen, haben die Betreiber verschiedene Abrechnungsmodelle eingeführt. Kunden können Zeit- und Volumenpakete kaufen, wobei Kunden, die große Datenmengen übertragen wollen, mit Zeitpaketen deutlich besser fahren. Sofern der Kunde nur kontinuierlich online sein will, z. B. um häufiger etwas in der Internetsuchmaschine zu recherchieren oder ständig seine E-Mails abzufragen, fährt er sicher mit Datenpaketen günstiger. Die Mobilfunkbetreiber unterscheiden bei diesen Paketen nicht mehr zwischen den verschiedenen Datennetzen, sodass es für die Abrechnung letztendlich egal ist, ob der Kunde seine Daten via GPRS, UMTS oder den betreibereigenen WLan-Netzen bezieht. (2)

Auch die Einwahlprozeduren für mobile Netze werden optimiert

Mussten die Nutzer bisher bei jedem neuen Netz, welches sie nutzen wollen, eine neue Einwahlprozedur mit Kennwörtern, Zugangsidentitäten, ggf. Übermittlung von Zahlungsinformationen, etc. abarbeiten, so besinnen sich die

Telekommunikationsunternehmen nun darauf, mit vorhandenen Informationsmedien diese Prozedur deutlich zu vereinfachen.

Mit seiner SIM-Karte (dem Subscriber Identity Module) hat der Mobilfunk-Teilnehmer bereits seinen Ausweis in der Tasche. Die Eingabe seiner PIN authentisiert ihn und er bekommt seinen Netzzugang freigeschaltet. Im Hintergrund wird im Mobile Switching Center anhand der SIM-Daten eine Verbindung zum Home Location Regsiter (HLR) geschaffen, in dem die Nutzerdaten gespeichert sind. Hier wird neben der Routing-Information zur Weiterleitung eingehender Anrufe zum aktuellen Standort auch ein Logfile für den Abrechnungsserver angelegt, um dann sämtliche Kosten am Monatsende auf der Telefonrechnung erscheinen zu lassen. (4)

Die Einwahl in ein WLan gestaltet sich häufig als schwierig, da zunächst zwischen verschiedenen verfügbaren Signalen der richtige Access Point ausgewählt werden muss. (4)

Die Mobilität des Geschäftsverkehrs wird durch komplizierte Mechanismen im mobilen Zahlungsprozess

gehindert

Bisher sind Verfahren oder Mechanismen für die Identifizierung des Käufers sowie das Bezahlen von Waren per Mobiltelefon sehr kompliziert und fehlerträchtig, da sie immer noch darauf beruhen, dass die PIN eingetippt und eine Bestätigungs-SMS gesandt werden muss und so eine lange und mit vielen Medienbrüchen untersetzte Prozedur darstellt. Jetzt gibt es eine Initiative, die diesen Prozess deutlich vereinfachen will, indem Transaktionen mit der eigenen Unterschrift abgesegnet werden können (Handy-Signatur-Technologie). (1)

Fallbeispiele

Die IT-Firmen Wacom (druckempfindliche Grafik-Tablets) und Softpro (Schrifterkennung) haben sich zusammengeschlossen, ein Verfahren zu schaffen, bei dem E-Commerce-Transaktionen mit der eigenen Unterschrift abgeschlossen werden können. Sie haben sich zur Dynamic-Signature-Initiative zusammengeschlossen und werden schon auf der diesjährigen CeBIT einen Handy-Prototyp vorstellen, welcher über ein Eingabefeld verfügt, auf dem der

Nutzer mit einem Stift unterschreiben kann. Mittels einer Spezialsoftware werden während des Vorgangs nicht nur die Form der persönlichen Signatur, sondern darüber hinaus weitergehende dynamische Parameter wie Schreibgeschwindigkeit und Stiftandruck in einem biometrischen Verfahren abgeprüft, sodass eine sichere Identifikation des Unterschreibenden möglich ist. Dieses Verfahren biete eine nutzerfreundliche Alternative zur digitalen Signatur zu der eine spezielle Chipkarte benötigt wird. Außerdem hat dieses Verfahren seine zuverlässige Funktion bereits bewiesen, da es bereist im Umfeld der Tablet-PC`s zum Einsatz kommt, so nutzen große Unternehmen und Kreditinstitute diese elektronische Signatur bereits. (1)

Die Swisscom bietet als weltweit erster Netzbetreiber ihren Mobilkunden bereits seit ein paar Monaten die nahtlose Übergabe an ein benachbartes WLan oder aber das GPRS-/UMTS-Netz an. In einem solchen Falle wird von einem sogenannten Seamless Handover gesprochen. (2)

T-Mobile hat kürzlich den jüngsten Spross seiner Smartphone-MDA-Serie vorgestellt. Der MDA IV ist mit einem VGA-Touchscreen ausgestattet sowie einer Qwertz-Tastatur. So ähnelt dieses Produkt in aufgeklapptem Zustand einem kleinen Notebook. Ebenso kann man das Display um 180 Grad drehen

und dann mit dem Display nach oben zuklappen, sodass es wie ein normaler Pocket PC per Eingabestift bedient werden kann.
Die Telefon- und Datenfunktion nutzt die GSM- / GPRS-Netze auf 900, 1800 und 1900 MHz-Funkbändern und auch das UMTS-Netz. Ebenso ist WLan-Funktionalität eingebaut. (3)

Motorola will ab März auch in Deutschland sein Smartphone A 1000 mit Touchscreen anbieten. Dieses Gerät eignet sich außer für Sprach- auch für Videotelefonate oder Videostreams (dieses ist allerdings nur per UMTS möglich). Ebenso liegt diesem Gerät ein HTML-Browser bei, der auch Flash-Animationen anbieten kann. (3)

Hewlett Packard hat seinen neuesten Pocket PC mit einer alphanumerischen Tastatur ausgestattet, um so E-Mail-Verkehr und schnelle SMS-Notizen zu ermöglichen. Neben den üblichen Funkstandards GSM, GPRS und auch EDGE (Enhanced Data Rates for GSM Evolution) ist dieses Gerät auch mit einem GPS-Empfänger ausgestattet. Es wird ein Quadband-Gerät sein, welches nicht nur in den europäischen D- und E-Netzen arbeitet, sondern auch in den amerikanischen GSM-Netzen, die auf 850 und 1900 MHz funken. Nur WLan hat man diesem Gerät nicht beigefügt. (3)

T-Mobile bietet mit seiner Multimedia NetCard und der mitgelieferten Software die Möglichkeit, das GPRS-/UMTS-Login mobilfunktypisch über die SIM-Karte abzuwickeln. Darüber hinaus hilft die SIM-Card zumindest indirekt beim Aufenthalt in einem Hotspot, indem sie die Anmeldung über SMS unterstützt. Die Zugangskennung und das Passwort wird vom Client per SMS angefordert und ebenso präsentiert es die Authentifizierungsdaten automatisch dem Access Point. So ist man ohne den Umweg über das Portal mit einem Klick dann sofort online. (4)

Allerdings funktioniert diese einfache aber proprietäre Lösung via SIM-Card noch nicht in fremden Netzen. Hier steht der Nutzer dann immer noch vor der Wahl, sich entweder einen Account einzurichten oder per Kreditkarte zu bezahlen, mit dem Risiko sich dem Phishing der Kartendaten auszusetzen. (4)

Aber T-Mobile bereitet schon den nächsten Schritt der Vereinfachung der Einwahl in WLan-Portale vor. Die SIM-Karte soll ohne den Umweg über SMS unmittelbar über ein sogenanntes EAP-Protokoll (Extensible Authentification Protocol) die Authentisierungs-Messages austauschen. Über diesen EAP-SIM-Mechanismus werden Verifikationsroutinen für die Authentifizierung des WLan-Zugangs über die SIM-Karte festgelegt. (4)

Weiterführende Literatur

(1) Per Handy unterschreiben Fehlende Sicherheit beim Einkauf per Mobiltelefon ist eine wesentliche Hürde im Mobile-Commerce. Das will eine Initiative nun ändern.
aus Impulse vom 01.03.2005, Seite 76

(2) Endlich richtig mobil Schluss mit der Konkurrenz zwischen den Funknetzen: \ Mit den richtigen Geräten sind Unternehmer unterwegs immer online - wahlweise per UMTS oder WLan.
aus Impulse vom 01.03.2005, Seite 94

(3) Notebook-PDA mit Mobilfunk
aus c't - Magazin für Computertechnik, 5/2005, S. 26

(4) WLAN-Roaming so einfach wie beim Mobilfunk
aus c't - Magazin für Computertechnik, 5/2005, S. 30

(5) Mehr Tempo im Netz Bei E-Commerce, Mobilfunk und DSL geht der Boom weiter. Onlinetelefonie bedroht das Festnetz.
aus Capital vom 23.12.2004, Seite 62

Impressum

Die Bedienerfreundlichkeit mobiler Sprach- und Datenkommunikation wird erhöht

Bibliografische Information der deutschen Nationalbibliothek

Die Deutsche Nationalbibliothek verzeichnet diese Publikation in der deutschen Nationalbibliografie; detaillierte bibliografische Daten sind im Internet über http://dnb.d-nb.de abrufbar.

ISBN: 978-3-7379-0302-8

© 2015 GBI-Genios Deutsche Wirtschaftsdatenbank GmbH, Freischützstraße 96, 81927 München, www.genios.de

Alle Rechte vorbehalten. Dieses Werk ist einschließlich aller seiner Teile – z.B. Texte, Tabellen und Grafiken - urheberrechtlich geschützt. Jede Verwertung außerhalb der Grenzen des Urheberrechtsgesetzes bedarf der vorherigen Zustimmung des Verlags. Dies gilt insbesondere auch für auszugsweise Nachdrucke, fotomechanische

Vervielfältigungen (Fotokopie/Mikroskopie), Übersetzungen, Auswertungen durch Datenbanken oder ähnliche Einrichtungen und die Einspeicherung und Verarbeitung in elektronischen Systemen.